LE TOMBEAU DE NAPOLÉON

Préface

Depuis le retour des Cendres de Napoléon sous le Dôme des Invalides, le 15 décembre 1840, jamais un ouvrage n'avait présenté de manière précise et complète le tombeau érigé par l'architecte Visconti. Ce guide rédigé par Céline Gautier et publié par le magazine *Napoléon 1er* en partenariat avec le musée de l'Armée, présente désormais aux visiteurs l'histoire et, dans le détail, les décors qui entourent le célèbre cénotaphe. Afin que le lecteur puisse enfin redécouvrir ce haut lieu de mémoire tel que l'avait décrit Victor Hugo : « *Ce que la France a réclamé, ce que le peuple attend, ce que tous les yeux cherchent, le cercueil de Napoléon* ». •

Général Robert Bresse
Directeur du musée de l'Armée

SOMMAIRE

© ECPAD.

Introduction

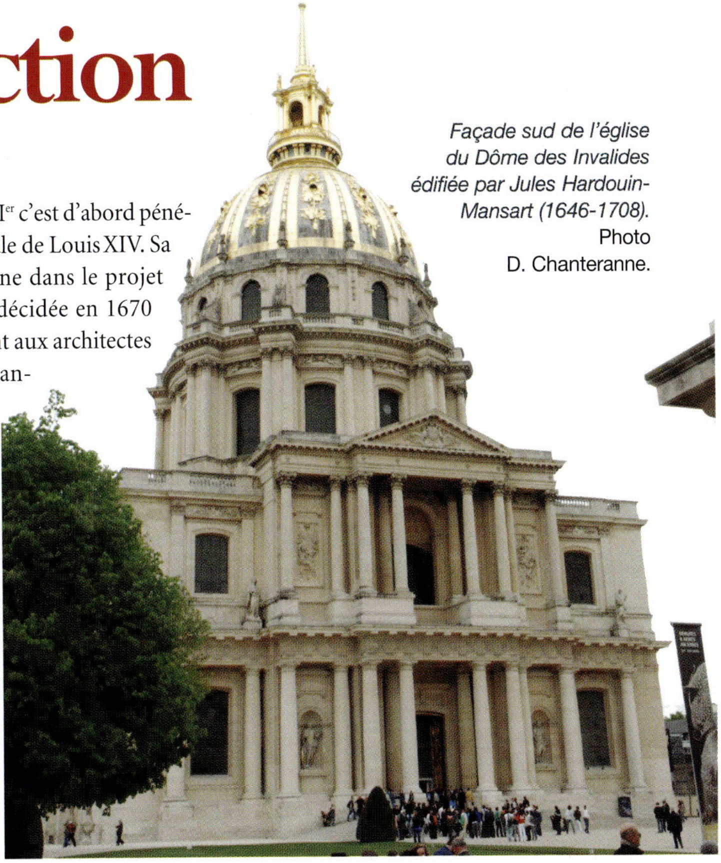

Façade sud de l'église du Dôme des Invalides édifiée par Jules Hardouin-Mansart (1646-1708). Photo D. Chanteranne.

Découvrir le tombeau de Napoléon Ier c'est d'abord pénétrer dans l'ancienne chapelle royale de Louis XIV. Sa construction figurait dès l'origine dans le projet d'édification de l'Hôtel des Invalides, décidée en 1670 par le Roi Soleil et confiée successivement aux architectes Libéral Bruant puis Jules Hardouin-Mansart à partir de 1676. La vie des pensionnaires, anciens soldats des régiments du roi, quels que soient leur invalidité, leur âge ou leur handicap, devait être essentiellement rythmée par le travail dans des ateliers et les offices religieux. Au soin des corps s'ajoutait donc celui des âmes, confié aux prêtres de la congrégation de la Mission.
Si la rapidité de la construction des principaux bâtiments permit au roi d'accueillir en personne les premiers pensionnaires dès 1674, les travaux de l'église tardèrent en raison de la complexité du projet. On avait en effet décidé de prolonger la partie destinée aux soldats par une vaste chapelle, dite "royale", couronnée d'une imposante coupole. La réalisation des décors peints et sculptés de l'église allongea encore la durée du chantier. L'inauguration officielle eut lieu le 28 août 1706 en présence du roi. L'édifice religieux fut consacré par le cardinal de Noailles, archevêque de Paris sous le titre et l'invocation de saint Louis, selon le vœu de Louis XIV. Cette exaltation des racines et de la grandeur de la monarchie détermina le programme décoratif de l'église. Les portes, sols de marbre, tympans, voûtes sont semés de symboles royaux tels le chiffre de Louis XIV, la fleur de lys ou le soleil rayonnant. La coupole centrale, s'élevant à 90 m au-dessus du sol, avait été ornée d'une fresque due à Charles de la Fosse (1636-1716), *Saint Louis dans la gloire, présentant ses armes au Christ en présence de la Vierge et des anges*, symbolisant le triomphe des croyants sur l'hérésie.

La tourmente révolutionnaire n'épargna pas les Invalides. L'église fut fermée au culte pour être transformée en Temple de la Victoire puis en Temple de Mars (1792-1793). Sans lui restituer immédiatement sa fonction religieuse (ce qui n'intervint qu'en 1804), Bonaparte, alors Premier consul, lui rendit insensiblement son caractère "sacré" en érigeant le Dôme en lieu d'hommage de la nation à ceux qui l'avaient bien servie, parfois jusqu'à la mort. L'église des Invalides allait devenir le panthéon des gloires militaires de la France. Le premier pas fut accompli en 1800 avec la translation du corps de Turenne (1611-1675) et l'érection de son tombeau dans la chapelle de la Vierge (à l'est). L'événement fut suivi huit ans plus tard par le transfert du cœur de Vauban (1633-1707), dont le monument funéraire est installé en vis-à-vis, dans la chapelle ouest consacrée à sainte Thérèse. Par la suite, Napoléon fit encore inhumer dans l'église de grands militaires et maréchaux de l'Empire. Il ignorait qu'un jour, il viendrait dormir au milieu d'eux.

En effet, lorsqu'en 1840, le roi Louis-Philippe fit rapatrier de Sainte-Hélène les cendres de l'Empereur, il choisit l'Église Saint-Louis, et plus particulièrement l'ancienne chapelle royale, sous le Dôme, pour y ériger la sépulture impériale achevée sous le règne suivant, celui d'un autre Bonaparte, Napoléon III. ●

De Sainte-Hélène à l'Hôtel

À l'entrée de la crypte, un bas-relief, sculpté par Auguste Dumont (1801-1884), figure l'exhumation du corps de Napoléon à Sainte-Hélène.
© ECPAD.

Napoléon Bonaparte mourut à Sainte-Hélène le 5 mai 1821. Il fut inhumé dans l'île et y demeura jusqu'en 1840, date à laquelle le gouvernement français, ayant reçu l'accord de son homologue britannique, rapatria sa dépouille et la déposa aux Invalides, le 15 décembre 1840. Le cercueil d'ébène fut exposé jusqu'au 24 décembre au cœur de l'église Saint-Louis, où les Parisiens purent venir en nombre se recueillir. À partir du 6 février 1841, il fut placé dans la chapelle Saint-Jérôme, aménagée en chapelle ardente, en attendant que le tombeau que nous voyons aujourd'hui fût prêt. Il y fut placé le 2 avril 1861.

Le « *retour des Cendres* » de Napoléon fut proposé par le gouvernement d'Adolphe Thiers au roi Louis-Philippe. Cet événement devait fédérer les courants politiques autour de l'idée que la Monarchie de Juillet était une sorte de continuation de la Révolution et de l'Empire et susciter un sentiment d'union nationale autour du régime en réconciliant les Français autour d'un passé glorieux. Une fois acquis le principe du retour, une fois obtenu l'accord du gouvernement anglais de l'organiser, restait à choisir un lieu de sépulture pour les restes du Grand Homme.

Le « retour des Cendres », question de terminologie

Le « retour des Cendres » est un vocable entré dans le langage courant, désignant le rapatriement de la dépouille de Napoléon depuis Sainte-Hélène en France.

L'emploi du mot « cendres », au pluriel, ne doit pas être compris au sens propre, le corps de Napoléon n'ayant pas fait l'objet d'une crémation. Le terme doit être pris dans son sens figuré : il renvoie aux restes, à la dépouille des défunts, par allusion à la coutume pratiquée dans l'Antiquité, chez le Grecs et les Romains, de brûler les corps des morts puis d'en recueillir les cendres dans des urnes.

des Invalides

Tableau allégorique du retour des Cendres, le 15 décembre 1840 (huile sur toile).
Par Trichot (Paris, musée de l'Armée). © Musée de l'Armée, dist. RMN.

Ce choix ne faisait pas consensus. Pendant les dix-neuf années au cours desquelles le corps de Napoléon était resté à Sainte-Hélène, la question d'une inhumation en France avait été souvent discutée. Entre 1830 et 1839, trente et une pétitions avaient été déposées à la Chambre des députés. L'Empereur lui-même avait écrit dans son testament qu'il souhaitait reposer *« au bord de la Seine, au milieu de ce peuple français* [qu'il avait] *tant aimé »*. À défaut, il avait aussi évoqué Ajaccio ou le confluent entre la Saône et le Rhône, non loin de Lyon. C'est évidemment à Paris que le gouvernement voulait accueillir les Cendres. À l'Hôtel des Invalides s'opposaient la basilique de Saint-Denis, Notre-Dame de Paris, la Madeleine, le Panthéon, l'Arc de Triomphe et, surtout, la Colonne Vendôme. Pour éviter toute tergiversation, Louis-Philippe et Thiers choisirent d'autorité les Invalides, ce que le ministre de l'Intérieur Charles de Rémusat annonça aux députés, en même temps

Discours de Rémusat à la Chambre

« Messieurs, le roi a ordonné à SAR Monseigneur le Prince de Joinville de se rendre, avec sa frégate, à l'île de Sainte-Hélène, pour y recueillir les restes mortels de l'empereur Napoléon. Nous venons vous demander les moyens de les faire recevoir dignement sur la terre de France et d'élever à Napoléon son dernier tombeau. Ces restes seront déposés aux Invalides. Il importe en effet, Messieurs, à la majesté d'un tel souvenir que cette auguste sépulture ne demeure pas exposée sur une place publique, au milieu d'une foule bruyante et distraite. Il convient qu'elle soit placée dans un lieu silencieux et sacré où puissent la visiter avec recueillement tous ceux qui respectent la gloire et le génie, la grandeur et l'infortune [...]. L'art s'élèvera sous le dôme, au milieu du temple consacré par la religion aux dieux des armées, un tombeau digne, s'il se peut, du nom qui doit y être gravé ; ce monument doit avoir une beauté simple, des formes grandes et cet aspect de solidité inébranlable qui semble braver l'action des temps. Il faudrait à Napoléon un monument durable, comme sa mémoire. » Charles de Rémusat, ministre de l'Intérieur, à la Chambre des députés, 12 mai 1840.

Catafalque et chapelle ardente, le 15 décembre 1840 (lithographie).
Par Vicor-Jean Adam et Jean-Baptiste Arnout (extrait du *Retour en France des Dépouilles mortelles de Napoléon*, Paris, Jeannin, 1840-1841).
© Musée de l'Armée, dist. RMN.

que la nouvelle du retour des Cendres, dans son discours du 12 mai 1840.

Les Invalides se sont imposés pour plusieurs raisons. Aujourd'hui, à l'entrée de la crypte, on rappelle le vœu de l'Empereur de reposer «*au bord de la Seine*». Mais les arguments furent autres. Le premier avança que Napoléon Bonaparte s'était toujours beaucoup intéressé aux Invalides, comme lieu et comme institution. Il y avait organisé de grandes cérémonies, notamment sous le Consulat comme le transfert du corps de Turenne et du cœur de Vauban ou la première distribution des étoiles de la Légion d'honneur. Il y avait aussi rétabli la vocation d'asile pour les vieux soldats. Enfin, sous son impulsion, les Invalides étaient devenus un lieu de sépulture pour de grands chefs militaires.

Le projet du retour des Cendres, présenté le 12 mai 1840 à la Chambre des députés, fut adopté le 26 mai. Le 7 juillet suivant, le prince de Joinville, fils de Louis-Philippe, embarquait à Toulon pour Sainte-Hélène en compagnie d'anciens compagnons d'exil de Napoléon (les généraux Bertrand et Gourgaud, le fils de Las Cases, le valet de chambre Marchand, le «mamelouk» Ali ...). Cinq mois plus tard, le 15 décembre 1840, le cercueil de l'Empereur entrait aux Invalides lors d'une cérémonie fastueuse ayant mobilisé tous les grands corps de l'État et attiré sur le parcours du char monumental transportant le cercueil plus d'un million de spectateurs. ■

Vingt ans pour un tombeau

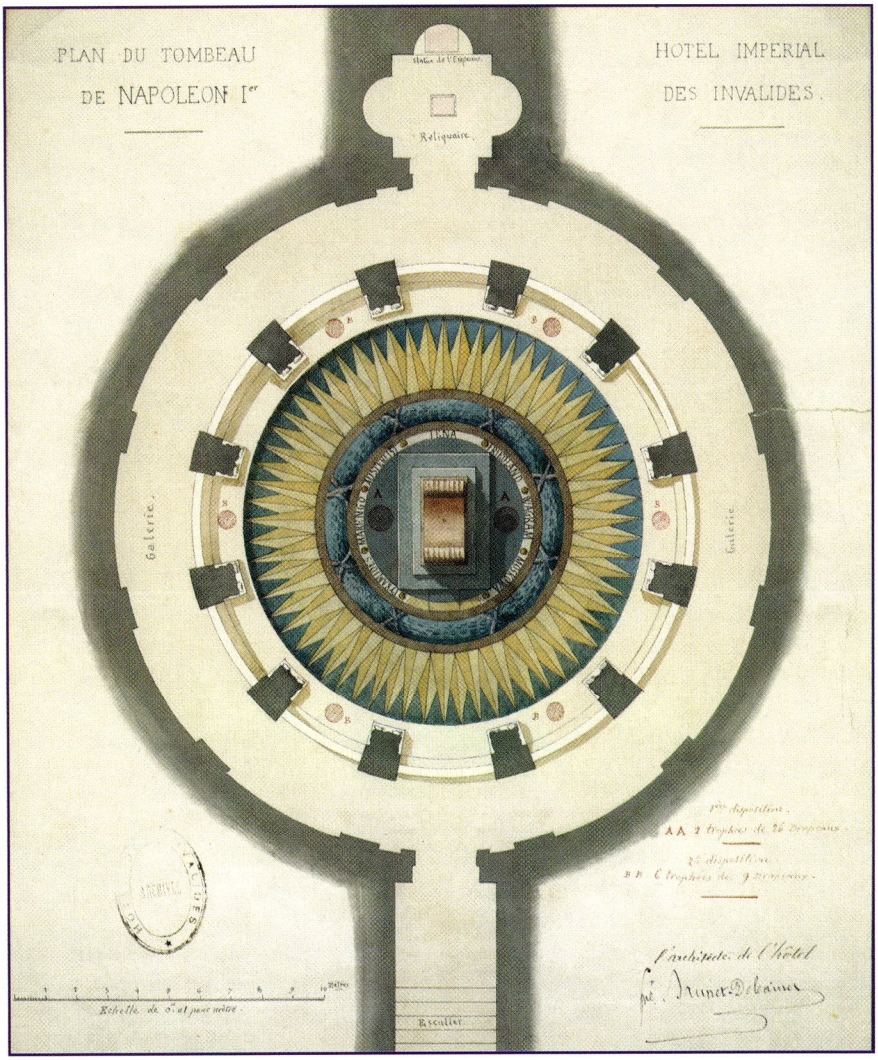

Plan de la crypte (aquarelle, 1861). Par Alfred-Louis Brunet-Debaines. Paris, musée de l'Armée. © Musée de l'Armée, dist. RMN.

Une loi du 10 juin 1840 confirma que la sépulture de Napoléon serait placée sous le Dôme des Invalides et ouvrit un crédit spécial d'un million de francs pour la translation de ses Cendres et la construction d'un monument digne de lui. Sur ce dernier aspect, un concours national fut lancé le 13 mai 1841.

Rémusat aurait préféré recourir à une commande officielle, de gré à gré. Le ministre de l'Intérieur avait même déjà choisi l'architecte : Carlo Marochetti (1805-1867), à qui l'on devait déjà *La bataille de Jemmapes* sur l'Arc de Triomphe ou *Marie-Madeleine exaltée par les Anges* de l'église de la Madeleine. Mais la presse et le milieu artistique émirent de vives et virulentes critiques contre la méthode d'attribution de la commande, la personnalité même de Marochetti et son programme architectural. Plusieurs contre-projets virent le jour, dont ceux proposés par Hector Horeau (1801-1872) ou Antoine Etex (1808-1888). Rémusat dut revenir sur sa décision et se plier à la procédure du concours, réservé toutefois aux architectes et sculpteurs de renom. Une commission de douze membres devait départager les projets. Alors même que les commissaires n'étaient pas encore nommés – leurs noms ne furent connus que le 23 novembre 1841 – une exposition réunissant les quatre-vingt un projets présentés s'ouvrit à l'école des Beaux-arts le 27 octobre 1841.

QUI EST VISCONTI ?

Louis-Tullius Joachim Visconti est né à Rome, le 11 février 1791, au sein d'une célèbre et ancienne famille d'archéologues italiens (son grand-père est le fondateur du musée du Vatican). Sa famille, fuyant l'Italie, s'installe à Paris en 1798. L'année suivante, le général Bonaparte nomme son père, Ennius Quirinus Visconti (1751-1818) conservateur des Antiquités et des Tableaux au musée du Louvre. De 1808 à 1817, Louis Visconti étudie à l'École des Beaux-Arts de Paris où il reçoit l'enseignement de Charles Percier (1764-1838), célèbre architecte de Napoléon Ier, ainsi que du peintre François-André Vincent (1748-1816), le « rival » de David. En 1814, il est récompensé par le second Grand prix d'architecture de l'École des Beaux-Arts, suivi en 1817 du prix départemental d'architecture. Il est alors nommé architecte-voyer des 3e et 8e arrondissements de Paris. En 1826, il devient conservateur de la 8e section des Monuments publics de Paris. On lui doit de nombreuses réalisations et aménagements, comme par exemple l'agrandissement du palais du Luxembourg ou la fontaine Gaillon. En 1840, Louis-Philippe lui confie la conception des décorations du cérémonial du retour des Cendres, suivi du projet du tombeau de Napoléon. En 1852, Visconti est nommé architecte du château des Tuileries, dont Napoléon III le charge de réaliser la réunion avec le palais du Louvre. L'architecte meurt le 23 décembre 1853 et le projet du « nouveau Louvre » de style néo-Renaissance sera poursuivi sous la direction de Hector-Martin Lefuel (1810-1880).

Portrait de Louis Tullius Visconti architecte (huile sur toile, 1854).
Par Théophile Vauchelet (Paris, musée Carnavalet).
© Photo Josse / Leemage.

Elle remporta un vif succès auprès du public. On y admirait des projets variés, où les plus sobres rivalisaient avec les plus extravagants. S'étaient portés candidats, par exemple, les sculpteurs Louis Petitot (1810-1864), Antoine Etex, Jean-Baptiste Cannissié (1799-1877), Henri de Triqueti (1804-1874) – qui intégra l'équipe de Visconti au moment de la réalisation –, les architectes Henri Labrouste (1801-1875) et Félix Duban (1798-1870) ou encore Théodore Chassériau (1819-1856) resté davantage célèbre pour ses talents de peintre.

La commission était présidée par Rémusat, l'écrivain et critique d'art Théophile Gautier (1811-1872) en étant le rapporteur. Le peintre Jean-Auguste Dominique Ingres (1780-1867) ou encore l'architecte Pierre-François Léonard Fontaine (1762-1853) en faisaient partie. Elle sélectionna vingt-trois, puis dix, et enfin deux projets : ceux de Victor Baltard (1805-1874)

Coupe de l'église du Dôme des Invalides (gravure).
(Extrait de Visconti, *Tombeau de Napoléon érigé dans le dôme des Invalides*, Paris, L. Curmer éditeur, 1853, coll. Fondation Napoléon). © Photo12.com – Fondation Napoléon.

et de Louis-Tullius Visconti (1791-1853), architecte italien proche du pouvoir qui avait déjà été en charge des décors de la cérémonie parisienne du retour des Cendres. En mars 1842, la commission laissa le soin au gouvernement de trancher… en faveur du second. Certains dirent que l'Italien avait été favorisé et choisi d'avance, d'où le caractère incomplet du cahier des charges et le fait que les précisions nécessaires ne furent émises qu'une fois les projets dévoilés.

Édifier le tombeau de Napoléon dans l'ancienne église royale de Louis XIV représentait un défi complexe, celui d'intégrer un style XIXe siècle dans une architecture XVIIe, sans parasitage mutuel, tout en opérant une reconfiguration importante de l'espace. Malgré l'enjeu, le programme initial énoncé à la Chambre le 13 mai 1841 et donné aux concurrents s'énonçait en termes brefs et imprécis : la construction devait « *être simple et sévère* » et avoir « *l'aspect de la grandeur sans trop s'élever du sol* » ; elle devait attirer le regard « *sans lui interdire d'embrasser tout l'édifice* », tout en respectant l'œuvre de Hardouin-Mansart et lui conserver une certaine harmonie. Étrangement, ce n'est qu'après la remise officielle des projets, en janvier 1842, que la commission précisa davantage ses critères de choix. La crypte, plus appropriée au recueillement, fut préférée à l'élévation, correspondant davantage à un monument triomphal (ce dont ne voulait pas le gouvernement). On la

souhaita ouverte, afin que le sarcophage restât à la fois visible et tenu à distance.
Or, parmi les projets – dont certains pourraient être qualifiés de délires architecturaux –, seuls quatre envisageaient une crypte (cachée ou ouverte), la majorité des autres candidats ayant opté pour une élévation au-dessus du sol du Dôme.
Bien que son projet ait été retenu, Visconti se vit immédiatement imposer des aménagements, concernant en particulier l'accès à la crypte. L'architecte l'envisageait par l'extérieur, devant l'entrée du Dôme, par le piédestal d'une monumentale statue équestre de l'Empereur. On lui demanda de proposer un accès par l'intérieur de l'église. Il dut par ailleurs préciser et compléter ses intentions. Il restait imprécis sur le décor du déambulatoire autour du tombeau, aussi bien dans sa forme et son contenu que dans son budget. Le riche programme sculpté de l'ensemble ne fut donc défini qu'en août 1843. Les sculpteurs James Pradier (1792-1852), Francisque Duret (1804-1865), Augustin-Alexandre Dumont (1801-1884) et François Jouffroy (1806-1882) furent choisis par Visconti. Ils furent rejoints en 1846 par Pierre-Charles Simart (1806-1857) à qui fut confiée la réalisation des dix bas-reliefs ornant la galerie circulaire (voir *infra*). On commanda en outre à l'architecte la restauration des décors peints et sculptés de l'intérieur de l'église.
La question financière se posa en permanence au cours de l'entreprise. Au million débloqué en 1840, la loi du 25 juin 1841 ajouta un crédit extraordinaire supplémentaire de 500 000 francs. Dès 1848, Visconti sollicita des rallonges justifiées par le choix de matériaux précieux (marbre) et des nombreuses difficultés techniques du colossal chantier. Au total, le projet coûta 6 744 000 francs : 1 800 000 francs pour la translation des Cendres et les cérémonies, 4 420 000 francs pour la construction du tombeau (dont 617 000 francs pour la seule statuaire), 324 000 francs pour le sarcophage (dont 139 000 francs pour le bloc brut de quartzite), les voyages, les machines et la main-d'œuvre, 200 000 francs pour l'appropriation de la Cour Vauban et les abords du monument, afin d'harmoniser l'ensemble de la configuration.
En raison des adaptations et modifications successives du projet initial, les travaux ne débutèrent qu'en 1843. La loi du 13 avril 1845 interféra dans un calendrier déjà bousculé puisqu'elle disposa que les dépouilles de Bertrand et Duroc, grands-maréchaux du Palais, seraient transférées aux Invalides et déposées dans des tombeaux placés à l'entrée de celui de l'Empereur (voir *infra*). Un crédit extraordinaire de 25 000 francs fut ouvert pour ce projet complémentaire.
La cérémonie de translation des dépouilles de Duroc et Bertrand eut lieu le 5 mai 1847, vingt-sixième anniversaire de la mort de Napoléon. Un an plus tard, la Révolution de 1848 interrompit les travaux. Ils reprirent en juin 1850, après maintes discussions supplémentaires et plusieurs rapports critiquant les dérives budgétaires. La plus grande partie de l'œuvre conçue et réalisée par Visconti fut achevée en janvier 1853. L'architecte mourut quelques mois plus tard. Lui succédèrent Jules-Frédéric Bouchet (1799-1860), puis, en 1860, Alphonse-Nicolas Crépinet (1826-1892). Il fallut attendre le 2 avril 1861 pour que Napoléon III autorise enfin le transfert du corps de son oncle dans son nouveau tombeau monumental, lors d'une cérémonie solennelle. Aux Invalides, le second Empereur aurait en effet préféré Saint-Denis et au tombeau de Visconti, un projet demandé à Viollet-le-Duc. Il renonça finalement à ce projet, de peur d'indisposer l'opinion. ■

Saint-Denis, sépulture de la « quatrième race »

Par un décret du 20 février 1806, Napoléon Ier avait fait de la crypte de Saint-Denis la « sépulture des empereurs ». Ils devaient y venir reposer au milieu des membres des dynasties précédentes, symbole de la continuité de l'histoire de France et volonté d'enraciner la « quatrième race » dans la suite dynastique du pays. Des travaux furent immédiatement entrepris pour aménager la crypte abîmée sous la Révolution et créer quatre chapelles, une par « race ». Aucun membre de la famille Napoléon n'y sera inhumé, pas même le fils de Louis Bonaparte et Hortense de Beauharnais, Napoléon-Charles (mort en 1807) qui attendit à Notre-Dame la fin des travaux mais n'entra jamais à Saint-Denis. Les statues réalisées pour la crypte impériale ont été récemment retrouvées. Elles ont été placées à la Maison d'éducation de la Légion d'honneur jouxtant la basilique de Saint-Denis. Napoléon III reprit le projet de son oncle et c'est pourquoi, en 1853, il demanda un rapport visant non seulement à fixer sa propre sépulture à Saint-Denis mais aussi à y transférer immédiatement les Cendres de Napoléon Ier. En 1859, l'architecte Viollet-le-Duc lui présenta même un projet de monument funéraire. Les fonds déjà dépensés pour l'aménagement des Invalides et la crainte d'une réaction défavorable de l'opinion publique firent renoncer Napoléon III à son projet. Le premier Empereur resterait donc aux Invalides.

Le Dôme pour écrin

La coupole de l'église du Dôme est ornée en son centre d'une fresque de Charles de la Fosse représentant saint Louis dans la gloire. En-dessous, les douze apôtres, peints pas Jean-Baptiste Jouvenet (1644-1717). À la base du tambour, une frise présente les douze portraits des rois de France, de Clovis à Louis XIV. © ECPAD.

Lorsque le visiteur franchit les ❶ **portes monumentales** de l'église du Dôme, décorées de symboles louis-quatorziens, s'ouvre devant lui une excavation circulaire entourée d'une balustrade de marbre blanc d'Italie, à hauteur d'appui. Les dimensions en sont impressionnantes : 66 m de circonférence, 23 de diamètre dont 15 à ciel ouvert, 6 de profondeur. De cette balustrade, on embrasse la configuration globale de la crypte, le ❷ **tombeau**, sa galerie circulaire et la cella. En levant les yeux, on découvre la coupole du Dôme ornée de la composition peinte par Charles de La Fosse (1636-1716) : *Saint Louis dans la gloire, présentant ses armes au Christ en présence de la Vierge et des anges* (1702-1705).

Dans l'axe de l'entrée de l'église et du tombeau s'élève un imposant ❸ **maître-autel** conçu lui aussi par Visconti. L'original du XVIIe siècle avait été renversé par les révolutionnaires quand l'édifice était devenu Temple de Mars. En 1811, Napoléon avait confié à l'architecte Paul-Thomas Bartholomé (né en 1763) la restitution de l'autel du Dôme, réinvesti dans sa fonction religieuse depuis le Consulat. Lors de la cérémonie du retour des Cendres, cet autel fut ôté pour laisser passer le cercueil impérial. On profita des travaux de la crypte pour le remplacer définitivement – il n'avait jamais vraiment fait l'unanimité. Comme la loi de 1840 prévoyait de consacrer le Dôme exclusivement à la sépulture impériale, Visconti conçut deux autels distincts ; entre les deux, l'ajout d'une grille de fonte soigneusement forgée et ciselée acheva la séparation de l'église du Dôme et de l'église des Soldats. Aujourd'hui, une ❹ **verrière** a remplacé cette grille. Elle fut édifiée en 1873 par Alphonse-Nicolas Crépinet, architecte en chef des monuments historiques.

L'autel de Visconti s'inspire de celui de la basilique Saint-Pierre de Rome. Comme pour l'ensemble du mausolée, l'architecte ne lésina pas sur le choix des matériaux. Onze marches en marbre blanc de Carrare (Italie), mènent à la table d'autel construite en marbre noir d'Isère. Elle est

Grille du dôme (gravure).
(Extrait d'Albert Lenoir, *Tombeau de Napoléon Ier aux Invalides*, Paris, Martinon libraire-éditeur, 1855, coll. Fondation Napoléon).

Église du Dôme et église des Soldats

Bien que l'église Saint-Louis des Invalides constitue un seul et même bâtiment au regard des plans d'origine, on conçut dès la construction une nette séparation entre l'église dite « des Soldats », qui pourrait en constituer la nef, et l'église dite « du Dôme » qui en serait à la fois le chœur et le transept. Cette dualité fut la réponse donnée par l'architecte Jules Hardouin-Mansart à la problématique posée par l'étiquette : faire assister à la messe simultanément le roi dans la chapelle « royale », sous le Dôme, et ses soldats dans l'église « des Soldats ». L'église Saint-Louis fut donc conçue comme un édifice à deux entrées, diamétralement opposées, orientée au sud pour la première, au nord pour la seconde. La différence des décors des deux églises vint renforcer leur identité propre : la richesse de l'une tranche avec la simplicité de l'autre.
À cette première répartition fonctionnelle s'en substitua une seconde, encore plus nette, conséquence de l'aménagement du tombeau de Napoléon Ier. La construction de deux autels puis l'installation d'une verrière achève la séparation. L'ancienne chapelle royale est aujourd'hui tant investie de la présence impériale que le visiteur en oublierait presque son identité originelle.

Maître-autel de l'église du Dôme conçu par Visconti, inspiré de celui de la basilique Saint-Pierre, avec un mélange de marbres, de bois doré, de bronze et de bronze doré. © ECPAD.

entourée de quatre colonnes torses monolithes (entre 7 et 8 m de haut, 90 cm de diamètre) en marbre noir et blanc de Saint-Giron (Ariège). Les bases et chapiteaux des colonnes sont dorés. Ils supportent un entablement et un dais en forme de baldaquin en bois sculpté et doré, de style Louis XIV, décoré de lambrequins, de figures d'anges et d'écussons, couronné d'un globe surmonté d'une croix. Le chiffre de saint Louis y orne un écusson ovale porté par deux anges, rappelant la consécration originelle de l'église. Sous ce baldaquin, dû aux sculpteurs Antoine André Marneuf (1795-1865) et Hubert, un Christ en bronze sculpté par Henri de Triqueti (1803-1874) surmonte le tabernacle. Au bas des marches, deux torchères, chacune soutenue par deux anges en bronze doré dus à Honoré Jean-Aristide Husson (1802-1864), sont dressées sur des piédestaux octogonaux ornés de guirlandes. De part et d'autre, deux volées d'escalier semi-circulaires de dix-sept marches chacune, en marbre blanc, contournent le soubassement, dont les parois sont recouvertes de marbre vert d'Isère, pour se rejoindre derrière l'autel en un palier commun. Ici, à travers la verrière partageant les deux églises, on peut apercevoir 5 **l'entrée du caveau des gouverneurs** située derrière l'autel de 6 **l'église des Soldats**, et en levant les yeux, admirer la voûte de l'édifice ornée d'emblèmes, trophées pris à l'ennemi par les armées françaises. ■

JE·DÉSIRE·QUE·MES·CENDRES·REPOSENT
SUR·LES·BORDS·DE·LA·SEINE
AU·MILIEU·DE·CE·PEUPLE·FRANÇAIS
QUE·J'AI·TANT·AIMÉ.

L'entrée monumentale de la crypte

Sur le palier, derrière l'autel de l'église du Dôme, se font face les **cénotaphes** des généraux 7 **Bertrand** (à l'ouest) et 8 **Duroc** (à l'est), qui furent tous deux grands maréchaux du palais. Conçus eux aussi par Visconti, leur architecture est identique. Sur une base en marbre noir repose un sarcophage surmonté par deux colonnes d'avant-corps couronnées par un entablement et un fronton sphérique dont le tympan est paré de laurier et de branches de cyprès, derrière lesquelles se trouvent des pilastres engagés. Les ornements, chapiteaux et bases de colonne sont en bronze, le sarcophage et les colonnes en marbre. Dans l'entre-colonnement, sur un tableau de marbre noir, est inscrit en lettres capitales le nom de chaque grand maréchal. Au-dessus de chaque tombeau, sur le mur, est accrochée une simple croix noire. Les cercueils sont enfouis sous le pavement.

Cénotaphe du général Duroc (bronze et marbre).
Par Louis-Tullius Visconti. © Musée de l'Armée, dist. RMN / Émilie Cambier.

Duroc et Bertrand, grands maréchaux du palais

Le grand maréchal du palais était, sous le Premier Empire, un grand officier civil de la Couronne. Il était le plus proche collaborateur de l'Empereur, chargé du commandement militaire et de la police des demeures et palais impériaux. Il assurait la sécurité du souverain et dirigeait plusieurs services indispensables à sa vie quotidienne. Compte tenu de cette proximité et de l'importance de sa fonction, seul un proche pouvait exercer cette charge. Le premier titulaire fut le général Géraud-Christophe-Michel Duroc (1772-1813), nommé dès 1804 et qui resta en poste jusqu'à sa mort sur le champ de bataille le 23 mai 1813. Le général Henri-Gatien Bertrand (1773-1844) prit sa suite et conserva cette fonction à l'île d'Elbe, pendant les Cent-Jours et jusqu'à Sainte-Hélène.
Duroc avait été inhumé par Napoléon dans le caveau des gouverneurs des Invalides. Bertrand le fut d'abord, et brièvement, à Châteauroux, sa vie natale.

Au sol, une marqueterie de marbres où le chiffre de l'Empereur, le « N » couronné, a remplacé celui du fondateur des lieux, Louis XIV, indique au visiteur qu'il va pénétrer dans la crypte. L'entrée de la crypte est gardée par deux **Génies funèbres**, statues en bronze florentin réalisées par le sculpteur Francisque Duret et la fonderie Eck et Durand. Tous deux couverts et drapés d'un manteau, ils se distinguent surtout par leurs attributs. Celui de droite symbolise la 9 **Puissance militaire** : couronné de lauriers, il présente dans ses mains étendues le globe du monde et l'épée déposés sur un coussin. À gauche, son pendant, paré des attributs de la royauté pacifique, incarne

la ⓾ **Force civile** : coiffé de chêne, il porte la main de justice et la couronne impériale. Sur ces statues reposent un entablement et un attique sur lequel on peut lire ces mots extraits du testament de Napoléon Ier : « Je désire que mes cendres reposent / sur les bords de la Seine / au milieu de ce peuple français / que j'ai tant aimé ».
L'imposante ⓫ **porte de bronze** ouvrant sur la crypte est l'œuvre du sculpteur Marneuf. Elle se compose de deux vantaux mobiles. Chacun est orné dans sa partie inférieure de la foudre et de l'initiale « N », ainsi que de l'enseigne triomphale, surmontée d'un aigle, entourée de lauriers dans sa partie supérieure.
Passant cette porte, on accède à un vestibule obscur et à un escalier descendant vers la crypte. Les 26 marches de marbre blanc de Lunel (marbre de Boulogne-sur-Mer) ont été taillées dans des blocs de 8 m de long. Les murs sont recouverts de grandes plaques de marbre blanc clair de Carrare. Le plafond de pierre est divisé en 21 caissons.
Le pavé du vestibule est orné de mosaïques de marbres et d'émaux. En haut des marches se dessine une aigle couronnée, à laquelle répondent, sur le palier inférieur, deux médaillons représentant, l'un, la Légion d'honneur avec, en son centre, le profil de Napoléon, l'autre, la couronne de Charlemagne dont le premier Empereur des Français se voulait être le successeur.
En bas des marches, deux portes en bronze, identiques, donnent sur des galeries circulaires. Elles se composent chacune de deux vantaux décorés d'aigles et de foudres. La galerie de l'ouest conduit à la crypte où ont été inhumées les victimes de l'attentat perpétré par Giuseppe Fieschi contre Louis-Philippe en 1835. ■

Mosaïque à l'aigle (gravure).
(Extrait d'Albert Lenoir, *Tombeau de Napoléon Ier aux Invalides*, Paris, Martinon libraire-éditeur, 1855, coll. Fondation Napoléon).
© Fondation Napoléon.

L'aigle, symbole de l'Empire français

Dans les jours qui suivent la proclamation de l'Empire (18 mai 1804), le Conseil d'État fut mis à contribution pour définir la symbolique du nouveau régime. On évoqua comme emblèmes possibles l'aigle, le coq, l'éléphant, le chêne, la chouette et le lion.
Les conseillers d'État choisirent le lion « représenté sur la carte de France avec sa patte prête à défendre la rive gauche du Rhin ». Un décret fut préparé, disposant que le symbole de l'Empire sera « un lion au repos, d'or, sur champ d'azur », sans aucune référence aux conquêtes rhénanes de la Révolution. Le 10 juillet 1804, au moment de signer le texte, Napoléon biffa la locution « lion au repos » et la remplaça par « aigle éployée ». Il voulut ainsi plonger son Empire dans l'histoire romaine et le souvenir de Charlemagne (qui avait lui-même utilisé l'aigle). La forme définitive de la principale symbolique impériale fut donc « d'azur à l'aigle à l'antique d'or, empiétant un foudre du même ». On notera que le foudre n'est pas prolongé par des éclairs et que l'aigle tourne la tête à sénestre (gauche). Hors décret, l'abeille fut retenue comme emblème personnel de l'Empereur.

Le monument funéraire

Arrivé au bas de l'escalier du vestibule, le visiteur découvre face à lui le sarcophage impérial. Il en fait le tour en suivant une galerie circulaire couverte – ou ⓬ **patium** – décorée de dix bas-reliefs. Le faible éclairage naturel est renforcé par douze lampes funéraires en bronze à quatre branches, d'un poids de 50 kg chacune, dans le goût de celles en terre cuite trouvées à Pompéi. Marneuf en fit le modèle, Eck et Durand se chargèrent de la fonte. Le sol se compose simplement de compartiments de marbres différents, sans aucun décor de mosaïque.

Placé au centre du dispositif, voici le tombeau de l'Empereur proprement dit.

Le ⓭ **pavement** est orné d'une composition circulaire réalisée par les mosaïstes Clemente Ciuli (né en 1808), Scagnoli et Feste. Des émaux de couleurs dessinent tout autour du tombeau une

Les pavements du monument funéraire

Le dallage des sols de ce monument funéraire est en mosaïques de marbres et d'émaux que Visconti préféra parfois aux premiers, pour leurs « tons plus crus ». Il est formé de compartiments avec ou sans décor en leur centre.

Pour composer l'ensemble des décors des sols (vestibule, galerie, crypte), Visconti employa onze variétés de marbre extraites de diverses carrières situées en France et en Italie.

Les trois médaillons du vestibule ont été exécutés à partir d'émaux et de sept marbres différents : marbre blanc, marbre bleu turquin, marbre bleu fleuri et marbre griotte (tous les quatre d'Italie), marbre Henriette (nord de la France), marbre vert des Alpes dit « brèche Napoléon » et marbre noir de Sainte-Luce (Isère).

Pour les pavés de la crypte et de la galerie circulaire, se sont ajoutés le marbre portor italien, le marbre jaune de Sienne, le marbre vert campan du sud-ouest de la France.

Deux autres matériaux ont encore été utilisés : l'agate pour la chambre de l'épée et le granit vert des Vosges employé pour le pavé et le socle sur lesquels repose le sarcophage.

Les trois médaillons du vestibule ainsi que la mosaïque entourant le tombeau furent exécutés avec de riches émaux fabriqués dans des ateliers d'émaillerie parisiens, et travaillés sur le chantier même. La méthode de réalisation appliquée à ces mosaïques est originaire de Florence. Elle consiste à incruster dans des marbres les contours formés par la mosaïque, découpés dans des morceaux d'émail variés.

Le sarcophage se situe exactement dans l'axe vertical de la coupole de l'église, lui faisant un ciel couvert de symboles louis-quatorziens. Photo D. Chanteranne.

Sur le sol du palier inférieur, un médaillon (restauré en 2008) dessine la Légion d'honneur, créée par Bonaparte en 1802.
Photo D. Chanteranne.

LE SARCOPHAGE N'EST PAS EN PORPHYRE

La réalisation du cercueil minéral qui renferme les Cendres de Napoléon doit beaucoup au tsar Nicolas Ier qui autorisa la France à extraire le quartzite rouge de Kostchoka, sur une île de l'immense lac Onéga, dans l'actuelle Finlande. Le contrat d'extraction fut signé le 15 janvier 1847.
À l'origine, Visconti avait d'abord pensé à du porphyre : par sa couleur pourpre, il symbolise le pouvoir depuis l'Antiquité. Les carrières françaises ne pouvant en fournir un bloc suffisant pour qu'y soit sculpté le sarcophage, une mission conduite par l'ingénieur Louis Léouzon-Leduc (1815-1889) fut envoyée à l'étranger pour en trouver. Parvenue en Russie, elle découvrit une pierre aussi résistante et de couleur rouge-violet, semblable au précieux porphyre. Coûts élevés, transport maritime long et laborieux, construction de machines à vapeur spécifiques pour scier et polir cette pierre particulièrement dure... aucune peine ne fut épargnée !

étoile jaune d'or dont les soixante-douze rayons pointent vers la galerie. Ils s'élancent d'une couronne de lauriers en mosaïque bandée d'un ruban violet. Sur un cercle de marbre noir entourant le sarcophage, sont inscrits en lettres dorées huit noms de grandes victoires napoléoniennes séparées les unes des autres par des patères en émail couleur bronze : *RIVOLI, PYRAMIDES, MARENGO, AUSTERLITZ, IÉNA, FRIEDLAND, WAGRAM, MOSCOWA*.

Le sarcophage de quartzite aventuriné de Finlande mesure quatre mètres de long, deux mètres de large et s'élève à près de cinq mètres de haut sur un socle de granit vert des Vosges. Il se compose de quatre blocs : une cuve, un couvercle et deux supports. La cuve, doublée à l'intérieur de marbre de Corse rouge lilas, est ornée de quatre couronnes de laurier. Elle renferme les cinq cercueils emboîtés de l'Empereur. Le plus extérieur, en ébène, porte simplement l'inscription : *NAPOLÉON*.

Au-dessus de cette cuve, un couvercle à roulement ondule en une vague incurvée en son milieu ; ses extrémités offrent des arêtes arrondies et des enroulements réguliers.

Aucune inscription n'a été gravée sur le sarcophage.

Orientées vers le sarcophage dans une attitude grave et recueillie, douze colossales Victoires encerclent le tombeau à intervalle régulier. Elles sont adossées à des piliers carrés (statue et pilastre sont taillés dans un même bloc de marbre). Une banquette de marbre, intercalée entre les Victoires, empêche un passage trop aisé depuis la galerie circulaire vers le monument funéraire.

Ces imposantes figures féminines ailées, mesurant plus de 4 m de haut, sont une des œuvres majeures du sculpteur James Pradier (1792-1852). S'il s'inspira de celles de l'Erechtéion (Grèce, Ve s. av. J-C), ses œuvres ne sont pas des cariatides : ce sont les piliers et non les têtes qui supportent l'architrave entourant l'ouverture de la crypte et le plafond de la galerie circulaire. Exigeant une fois encore les matériaux les plus nobles, Visconti n'hésita pas à se fournir dans les carrières de marbre de Carrare. D'énormes blocs furent acheminés à grand-peine jusqu'à Paris. L'ensemble des travaux de marbrerie se révéla si complexe, en particulier en raison de la forme circulaire qui rendait ardue la découpe des blocs, que l'ingénieux marbrier Antoine Seguin dut inventer de nouvelles machines permettant de répondre aux attentes de l'architecte. Une fois taillées, on dut encore concevoir une machinerie spéciale, lourde et coûteuse, pour placer les statues dans l'excavation.

Ces **Victoires** symbolisent les campagnes militaires de Napoléon Bonaparte, en partant de la droite en pénétrant dans la galerie : **14** **Italie** (1796-1797), **15** **Égypte et Syrie** (1798-1799), **16** **Italie** (1800), **17** **Autriche** (1805), **18** **Prusse** (1806), **19** **Pologne** (1807), **20** **Espagne** (1808), **21** **Autriche** (1809), **22** **Russie** (1812), **23** **Saxe** (1813), **24** **France** (1814), **25** **Belgique** (1815). De style antique, elles sont drapées d'un vêtement long. Les bras placés le long du corps, chacune porte dans ses mains un ou deux attributs militaires : couronne de lauriers, palmes, sceptre, trompette guerrière, clefs, foudre. Bien que chaque Victoire soit indéniablement unique, une forte ressemblance tend à les confondre (posture, vêtement, expression quasi inexistante…), renforçant le caractère architectonique des lieux. ■

Allégorie de la Victoire, campagne d'Italie 1796-1797 (marbre blanc, 1843-1852).
Par Jean-Jacques (dit James) Pradier. © Musée de l'Armée, dist. RMN / Marie Bruggeman.

L'œuvre de Napoléon

Le sarcophage, dressé sur un socle, prend place au centre d'une crypte circulaire. Un programme décoratif rappelle les réussites militaires et civiles de l'Empereur. Les matériaux les plus précieux sont choisis pour les magnifier. © ECPAD.

En s'engageant dans la galerie circulaire, le visiteur découvre un cycle de dix bas-reliefs exaltant, selon un code esthétique formalisé, les réalisations civiles de Napoléon Bonaparte. Chaque bas-relief mesure 4,30 m de long sur 2,60 m de haut. L'effet de frise rappelle l'art des reliefs du Parthénon. Appliqués sur les parois, ils ont une forme courbe. En 1843, avant de conclure sur un programme sculpté, Visconti avait commandé à Henri de Triqueti un décor de « *tarsias* » (marqueterie de marbres colorés) qui aurait évoqué la vie de l'Empereur sur une longueur de 70 m de long et 2,40 m de haut. Arrêté par la complexité et le coût de l'entreprise, l'architecte commanda alors à Pierre-Charles Simart l'exécution de dix bas-reliefs devant témoigner des bienfaits civils de l'épisode napoléonien.

Une fois de plus, dans cette affaire, les éléments politiques avaient joué leur rôle. L'édification du tombeau de Napoléon devait servir le régime en place (Monarchie de Juillet puis Second Empire). On préféra donc dépeindre un empereur « *consensuel* », pacificateur et constructeur. On évita d'évoquer des sujets pouvant créer une polémique en omettant volontairement les aspects guerriers du gouvernement impérial, déjà présents avec le nom des batailles et les Victoires entourant le sarcophage. Ce désir de consensus, né

en dix bas-reliefs

LES BAS-RELIEFS DU RETOUR DES CENDRES : UNE HISTOIRE MOUVEMENTÉE

Avant de pénétrer dans la crypte, le visiteur aura probablement remarqué deux bas-reliefs particuliers, mesurant 3,20 m de large sur 2,30 m de haut, placés sur les parois au bas du vestibule. Ils sont relatifs au retour des Cendres. Celui de gauche, sculpté par Dumont (1801-1884), évoque 26 **l'exhumation** du 15 octobre 1840 : le prince de Joinville et les derniers compagnons de l'Empereur ayant pris part à l'expédition sont représentés auprès de la tombe de Sainte-Hélène. Celui de droite, dû à François Jouffroy, évoque la cérémonie du 15 décembre 1840 aux Invalides et plus particulièrement 27 **la remise du cercueil impérial** à Louis-Philippe par le prince de Joinville. Ces deux bas-reliefs furent commandés le 12 décembre 1846, dans l'intention de marquer à jamais le rôle de la Monarchie de Juillet dans le retour des Cendres et de signer pour la postérité la réalisation du tombeau des Invalides. La contemporanéité de ces représentations tranche volontairement avec l'atmosphère antique des bas-reliefs de la crypte.

Bas-relief, sculpté par Jouffroy, représentant le prince de Joinville remettant le cercueil de l'Empereur à Louis-Philippe le 15 décembre 1840 aux Invalides.
© ECPAD.

Ces deux bas-reliefs furent retirés en juin 1852, sur ordre du ministre de l'Intérieur du Second Empire, Persigny, et oubliés jusqu'en 1910, époque à laquelle ils retrouvèrent leur emplacement initial grâce à l'action du premier directeur du musée de l'Armée (fondé en 1905), le général Niox, soutenu par la société d'Histoire et d'Archéologie du VIIe arrondissement.

sous Louis-Philippe, fut repris par Napoléon III. N'oublions pas que pour convaincre ses compatriotes de voter pour le rétablissement de l'Empire, celui-ci n'avait cessé de répéter : « *L'Empire, c'est la paix* ».
La liste des dix thèmes définitifs ne fut fournie à Simart qu'en 1853 : la pacification des troubles civils, la centralisation administrative, le Conseil d'État, le Code Napoléon, le Concordat, l'Université impériale, la Cour des Comptes, le Commerce et l'Industrie, les Travaux publics et la Légion d'honneur. Le sculpteur choisit de développer chacun d'eux

autour d'une figure récurrente, le « *Génie de l'Empereur* » présidant à toutes ces entreprises. Il recourut pour ce faire à la symbolique antique. Sur chaque bas-relief, Napoléon est ainsi représenté en empereur romain, le corps à moitié drapé d'un vêtement ample, la tête couronnée de laurier ou auréolée de rayons. Placé au centre de la composition, érigé en une figure héroïque, debout ou assis sur un trône, le regard droit et d'une expressivité impassible, il apparaît en majesté, dominant la scène. Ce parti-pris devait provoquer une distanciation avec le visiteur. Le recours à l'antique reléguait le personnage dans le temps de la mythologie et de la mémoire, l'éloignant de l'histoire contemporaine. L'avis des critiques sur ce décor ne fut pas unanime. Mais Visconti et Duchâtel, successeur de Rémusat au ministère de l'Intérieur (d'octobre 1840 à février 1848) approuvèrent les choix de Simart qui servaient si bien les intentions politiques du projet.

La lecture et la compréhension de ces compositions passent par le décryptage des symboles, des allégories qui encadrent et convergent systématiquement vers la figure impériale, dans une construction relativement symétrique. Simart met en scène "l'avant" et "l'après-Napoléon" de façon presque narrative et didactique. Il rappelle ce qui fut écarté, au profit de ce qui a été fondé et entrepris, en faisant s'incarner les valeurs nouvelles s'imposant aux anciennes. L'interprétation se trouve en partie facilitée par des inscriptions de deux types, descriptives et symboliques. Les premières justifient la mythification du règne de l'Empereur. Les secondes renvoient aux citations du *Mémorial de Sainte-Hélène* d'Emmanuel de Las Cases (1823), apportant comme une conclusion aux réalisations portées par les précédentes.

L'ensemble du programme se répartit en deux séries de cinq bas-reliefs.

La première série (à main gauche par rapport à l'entrée) exalte Napoléon comme fondateur d'une nouvelle société pacifiée, dont les composantes administrative, législative et religieuse ont été réordonnées.

La première composition évoque le **28 Rétablissement de l'ordre intérieur** : fin de la guerre civile, victoire sur l'anarchie (foulée au pied par le Génie impérial) et pacification. L'Église catholique est libérée de ses chaînes. Sur la Vendée – région symbole de la guerre civile révolutionnaire, pacifiée dès 1800 – Napoléon élève un brin de rameau (symbole de paix). À droite, l'Émigration – sous les traits d'un vieillard – retrouve patrie, famille et liberté. À gauche, l'Ancien Régime et la jeune Liberté (née de la Révolution et parfois violente) se réconcilient.

Dès lors, la **29 Centralisation administrative** peut s'organiser (second bas-relief). « J'ai prouvé même au milieu de la guerre que je ne négligerais pas ce qui concerne les institutions et le bon ordre intérieur » énonce l'inscription. Napoléon tient, dans sa main gauche la loi du 28 pluviôse an VIII (17 février 1800) sur l'organisation administrative et, dans sa main droite, le timon des affaires portant sur la carte de France centralisée. Il est encadré par la Justice et la Prudence. Derrière lui, l'Abondance et la Prospérité publique augurent les grands résultats produits par cette unification et cette rationalisation du pouvoir.

Grande création napoléonienne, le **30 Conseil d'État** est honoré du troisième bas-relief. L'inscription évoque un chef d'État s'adressant aux membres de cette institution créée par la constitution du 22 frimaire an VIII (13 décembre 1799) : « Coopérez aux desseins que je forme pour la prospérité des peuples ». Aux côtés d'un Génie impérial calme et serein

Le patium entourant le sarcophage est orné de bas-reliefs rappelant les apports civils de Napoléon à la France dans un langage symbolique élogieux.
Photo D. Chanteranne.

convergent les forces intellectuelles (savants, philosophes, magistrats). Deux figures féminines symbolisent la Vérité et la Justice, inspiratrices de toute décision. Derrière l'épaule de Napoléon, une Victoire ailée rappelle le contexte guerrier qui l'amena au pouvoir. En lui, se confondent le héros et le législateur.

L'organisation d'un système législatif efficace, rationnel et unifié, passe aussi par la promulgation, le 21 mars 1804, du Code civil, devenu (30) **Code Napoléon** en 1807. Ce livre fondateur réunit de manière cohérente les lois préparées par le Conseil d'État. Le bas-relief qui lui est consacré se lit en deux temps. À gauche, l'ancien cadre législatif de la France est représenté par un vieillard portant le droit romain. Il est écarté au profit du Code Napoléon (à droite) porté par un jeune homme et pointé par l'Empereur de son index gauche. La table législative mentionne « JUSTICE ÉGALE ET INTELLIGIBLE POUR TOUS ». Deux figures incarnant les provinces de France encadrent la scène. L'une déchire le droit coutumier (à gauche), l'autre, en symétrie, adhère à la nouvelle loi en prêtant serment à l'Empereur et au Code. L'inscription est une des citations les plus célèbres du *Mémorial de Sainte-Hélène* : « MON SEUL CODE, PAR SA SIMPLICITÉ, A FAIT PLUS DE BIEN EN FRANCE QUE LA MASSE DES LOIS QUI M'ONT PRÉCÉDÉ ».

Le dernier bas-relief de cette première série est consacré à la pacification religieuse, par l'exemple du (32) **Concordat**, acte de réconciliation entre l'État et l'Église catholique signé le 15 juillet 1801. « L'ÉGLISE GALLICANE RENAÎT PAR LES LUMIÈRES ET LA CONCORDE » rappelle l'inscription. Dans un geste d'embrassement, le Génie impérial, debout, réconcilie la Rome catholique et la France. À gauche, un vieillard, les mains jointes en prière, remercie le ciel, tandis qu'une femme à genoux auprès de l'Église, se recueille. À droite, deux hommes redressent une croix dans un geste d'espérance et de régénération.

La seconde série de cinq bas-reliefs évoque les grandes institutions fondées par Napoléon et leur apport au fonctionnement de la société, à son développement et à sa prospérité.

La première institution évoquée est (33) **l'Université impériale**, fondée en 1808. À cette occasion, comme nous le rappelle l'inscription, Napoléon créa « UN CORPS CHARGÉ EXCLUSIVEMENT DE L'ÉDUCATION ET DE L'ENSEIGNEMENT PUBLICS DANS TOUT L'EMPIRE ». Le bas-relief rappelle les cinq grandes matières de l'enseignement, ici incarnées par des figures féminines : droit, lettres, sciences, théologie et médecine (de gauche à droite). La seconde s'appuie sur un double Hermès composé des profils d'Homère et de Platon, dont la philosophie est considérée comme la base de l'enseignement. Il porte les noms de nombreux auteurs, de l'Antiquité au XIXe siècle, d'Aristote à de Sacy en passant par Portalis, Monge, Fontanes, etc. À la droite de Napoléon, un enfant debout et nu symbolise la jeunesse qui, instruite au sein de l'Université, incarnera l'élite de la nation, accomplissant le grand dessein de la France voulu par l'Empereur.

Les deux bas-reliefs suivants sont dédiés à l'encadrement de la vie économique et financière.

Chargée de contrôler les comptes publics et d'assurer la transparence des recettes et des dépenses de l'État, la (30) **Cour des Comptes** a été fondée en 1807 : « JE VEUX QUE, PAR UNE SURVEILLANCE ACTIVE, L'INFIDÉLITÉ SOIT RÉPRIMÉE ET L'EMPLOI LÉGAL DES FONDS PUBLICS GARANTI ». Le Génie impérial repousse

Bas-relief de la Protection accordée au Commerce et à l'Industrie (gravure).
(Extrait d'Albert Lenoir, *Tombeau de Napoléon Ier aux Invalides*, Paris, Martinon libraire-éditeur, 1855, coll. Fondation Napoléon)
© Fondation Napoléon

l'Erreur, la Fraude et l'Imposture terrifiées. À sa gauche, il consacre, par le geste d'une main tendue, la régularité et l'ordre dont les trois figures font symétrie aux trois premières : la Vérité financière, sur laquelle s'appuie l'Exactitude portant une balance, et l'Ordre, assis, regardant et écoutant la Vérité avant d'écrire, sous sa dictée, les dépenses et les recettes sur un rouleau de papier.

Le bas-relief relatif à la 35 **Protection de l'Industrie et du Commerce** souhaite rappeler combien Napoléon accordait d'importance au développement de ces secteurs. On y voit un Empereur soutenir deux tables où sont inscrits les noms de deux institutions fondées pour garantir les transactions du commerce et donner un nouvel essor à l'industrie : le Code de commerce dans sa main gauche et l'Exposition des produits de l'industrie dans sa main droite. Il est encadré par quatre figures réparties de façon symétrique : à sa droite, Vulcain, personnifiant l'activité industrielle, et à sa gauche Mercure, dieu des commerçants, relèvent les villes commerciales et industrielles de la France, dont les activités avaient décliné avec la Révolution.

La relance des grands 36 **Travaux publics**, évoquée dans le bas-relief suivant, appuie l'idée de la prospérité économique. Les figures de l'Architecture et du Génie civil arborent chacune une table gravée d'une liste de ces entreprises d'utilité publique. On y fait référence à des bassins, des canaux, des ouvrages hydrauliques et maritimes, des routes, des ponts, des travaux urbains, l'embellissement de monuments… Sur le socle du trône est inscrit : « PARTOUT OÙ MON RÈGNE A PASSÉ IL A LAISSÉ DES TRACES DURABLES DE SON BIENFAIT ». On oublia délibérément de préciser que beaucoup de ces travaux furent achevés après la chute de Napoléon par les régimes suivants.

Le dernier bas-relief est consacré à la 37 **Légion d'honneur** créée en 1802 pour récompenser le courage, le talent et les mérites des citoyens. Elle est remise par le Génie impérial sous la forme de palmes, à un guerrier qui s'est sacrifié pour sa patrie, à un vieux magistrat, à un artiste, à un poète, à l'homme de sciences, à l'historien. Chacun à sa manière éclaire la société et élève l'esprit humain. « J'AI EXCITÉ TOUTES LES ÉMULATIONS, RÉCOMPENSÉ TOUS LES MÉRITES ET RECULÉ LES LIMITES DE LA GLOIRE », semble conclure l'Empereur, dans cette église même où le 15 juillet 1804 il procéda à la remise des premières étoiles de la Légion d'honneur. ■

La chambre de l'épée

Dans la Cella, ancien reliquaire ayant longtemps préservé des objets personnels de l'Empereur, une statue de Napoléon veille aujourd'hui sur la dépouille du Roi de Rome, inhumé sous le dallage de marbre. © ECPAD.

Non loin de l'Empereur repose, dans la 38 **chambre de l'épée**, que l'on appelle aujourd'hui la *Cella*, la dépouille de son fils, roi de Rome à sa naissance, duc de Reichstadt lorsqu'il vécut à Vienne, et qui avait été proclamé empereur pendant quelques heures le 24 juin 1815 sous le nom de Napoléon II (1811-1832).

Né du second mariage de son père avec l'archiduchesse Marie-Louise de Habsbourg-Lorraine, il suivit sa mère à Vienne après la première abdication (1814) et y vécut jusqu'à sa mort au château de Schönbrunn, le 22 juillet 1832.

La *Cella* est située dans l'alignement de l'entrée de la crypte et du sarcophage. Conformément au projet de Visconti, ce petit espace, qualifié à l'époque de *reliquaire* ou *chambre de l'épée* a longtemps accueilli des souvenirs personnels de l'Empereur (aujourd'hui dans les collections du musée de l'Armée). Posé sur un piédestal en porphyre de style antique d'un mètre de haut, un coussin simulé en bronze doré renfermait des reliques impériales : l'épée d'Austerlitz, le chapeau d'Eylau, le grand

Tombeau de Jérôme Bonaparte situé dans la chapelle Saint-Jérôme (1862).
Par Eugène Guillaume et Alfred-Nicolas Normand.
© Musée de l'Armée, dist. RMN / Émilie Cambier.

La nécropole impériale

La loi du 10 juin 1840 relative à la translation des Cendres de Napoléon disposait : *« À l'avenir, aucun cercueil ne pourra y rendre place »*. Napoléon III abrogea ce texte si ien qu'aujourd'hui, sept corps et cœurs de memres de la famille impériale sont réunis en es lieux. D'autres personnalités les y ont rejoints : s maréchaux 39 **Lyautey** et 40 **Foch**. Les ombeaux ou urnes funéraires impériaux ne sont as tous accessibles aux visiteurs.

rère de Napoléon Ier, ancien roi de Westphalie t ancien gouverneur des Invalides, 41 **Jérôme onaparte** (1784-1860) fut inhumé dans la chaelle Saint-Jérôme (située à main gauche de entrée du Dôme) dont il avait obtenu qu'elle ıi fût réservée ainsi qu'à sa famille. L'archicte Alfred-Nicolas Normand (1822-1909) se t confier les travaux d'aménagement de la chaelle. Jérôme y fut placé dans son tombeau défiitif le 16 juin 1862. Son monumental cénophe est surmonté de sa statue sculptée par ugène Guillaume (1822-1905). Dans la niche entrale de cette chapelle, on peut voir l'urne ınéraire contenant le cœur de son épouse atherine de Wurtemberg (1783-1835). Sous ette chapelle, dans une crypte qui n'est pas ctuellement accessible au public, repose leur ls Jérôme (1814-1847). À ses côtés, une odeste urne renferme le cœur du général eclerc (1772-1802), premier époux de Pauline onaparte (1780-1825), seconde sœur de Napoon, et celui de leur fils Dermide, mort à l'âge e sept ans, en 1805.

Tombeau de Joseph Bonaparte (marbre, 1863-1864).
Par Alphonse-Nicolas Crépinet.
© Musée de l'Armée, dist. RMN / Pascal Segrette.

e second frère de Napoléon ayant trouvé le epos éternel sous le Dôme fut 42 **Joseph onaparte** (1768-1844), ex-roi de Naples puis Espagne, dont le tombeau s'élève au centre de la chapelle Saint-ugustin (à droite en entrant). Mort en 1844 à Florence, il y t d'abord inhumé, près de sa fille Charlotte, conformément à s vœux. Il demandait cependant dans son testament à reposer en terre de France. Satisfaisant à son souhait, Napoléon III ordonna de rapatrier son corps à Paris en juin 1862. Son cercueil fut placé dans un sarcophage de marbre veiné posé sur un socle massif et réalisé par Crépinet, le 22 mars 1864. ■

Les collections napoléoni

Napoléon Ier sur le trône impérial ou *Sa majesté l'Empereur des Français sur son trône (huile sur toile, 1806).*
Par Jean-Auguste-Dominique Ingres (1780-1867).

Très présent sous le Dôme, Napoléon l'est tout autar au sein des salles d'exposition du musée de l'Armé L'établissement conserve et présente au public u ensemble d'objets et d'œuvres d'art qui constitue la plu importante collection relative à la Première République, a Consulat et au Premier Empire.

Cette collection est unique au monde tant par la diversité qu par le nombre des pièces qui la constituent : uniformes c simples soldats ou pièces de luxe, équipements de nombreu régiments français et étrangers, armes blanches, armes à fe harnachements, ordres et décorations, emblèmes, figurines hi toriques, instruments de musique et petits modèles d'artille rie côtoient les effets personnels de personnages illustres, te

nes du musée de l'Armée

Salles Premier Empire. Espace consacré à la Cour impériale, avec le portrait de Joachim Murat, maréchal de l'Empire, vers 1805, par le baron Gérard (1770-1837). © Musée de l'Armée, dist RMN / Christophe Chavan.

Napoléon Bonaparte et ses maréchaux. Y fait écho un ensemble remarquable de peintures contemporaines des événements, présentant le portrait des principaux acteurs autant que d'autres plus anonymes, ou le déroulement de batailles.

Dans ces salles d'exposition – comme dans l'ensemble du parcours du musée –, continuité chronologique et espaces thématiques s'associent pour faire découvrir l'histoire militaire, politique, sociale, industrielle de la France. Le public est ainsi invité à revivre les grandes batailles, découvrir la vie des soldats, suivre l'évolution des technologies et des tactiques, rencontrer les figures qui ont marqué cette période…

Dans la section consacrée à l'histoire de la France entre la Révolution et la fin du Premier Empire, le parcours retrace en particulier les campagnes de l'Empire en Allemagne, en Prusse, en Autriche, en Espagne, en Russie ou en France… et présente l'histoire des armes et des régiments qui s'y sont distingués (infanterie, cavalerie, cuirassiers, génie, artillerie, dragons, carabiniers…). Des espaces thématiques évoquent quelques aspects spécifiques de la figure impériale, tels le sacre, le mobilier de campagne ou le commandement… ■

INFOS

Musée de l'Armée – Hôtel des Invalides – 129, rue de Grenelle 75007 Paris – www.invalides.org

Le tombeau aujourd'hui

Lieu touristique

La gestion patrimoniale de l'église Saint-Louis des Invalides a été confiée au musée de l'Armée. Selon les statuts de cet établissement, son directeur est *Gardien du tombeau de l'Empereur et des trophées*. L'église porte aussi la fonction de cathédrale, siège épiscopal du diocèse aux Armées, depuis 1988. L'église du Dôme compte parmi les lieux touristiques parisiens les plus visités. Public français mais surtout visiteurs étrangers viennent en nombre (1,2 million au total en 2009) pour voir ou revoir le tombeau de Napoléon Ier.

Lieu de mémoire

Ouverte au public, l'église Saint-Louis des Invalides est aussi un haut lieu de la mémoire nationale. Le 5 mai, jour anniversaire de sa mort, une messe y est dite à la mémoire de Napoléon et des soldats de la Grande Armée. Instituée après la Grande Guerre pour répondre à un vœu exprimé par l'Impératrice Eugénie, la *messe du 5 mai* avait alors vocation à commémorer le souvenir des deux empereurs – Napoléon Ier et Napoléon III –, des défunts de la famille impériale, des officiers, sous-officiers et soldats des armées des deux empires. En 1949, les autorités militaires et l'Ordinaire des Armées accordèrent l'église Saint-Louis des Invalides pour la célébration de cette messe du souvenir. Dès 1955, LL.A.A.II. le Prince et la Princesse Napoléon et le grand chancelier de la Légion d'honneur représentant le président de la République, l'honorèrent de leur présence. La messe du 5 mai est, depuis lors, organisée solidairement par le secrétariat de la Maison impériale, la direction du musée de l'Armée, l'aumônerie de l'église Saint-Louis, ainsi que les cabinets du gouverneur militaire de Paris et du gouverneur des Invalides. Elle se déroule en présence des membres de la famille impériale, des deux gouverneurs, du directeur du musée de l'Armée et de diverses autorités civiles et militaires. Elle débute par un dépôt de gerbes au pied du tombeau, et se poursuit désormais dans l'église des Soldats, où l'évêque aux Armées célèbre une *messe à la mémoire de Napoléon Ier et des soldats des armées impériales morts pour la France*, écartant quelque peu le vœu d'Eugénie et la mémoire de Napoléon III. ■

BIBLIO

– *Napoléon aux Invalides. 1840, Le Retour des Cendres*, Jean-Marcel Humbert (dir.), Éditions de l'Albaron, Soc. Présence du livre, Thonon-les-Bains, Fondation Napoléon-Musée de l'Armée, Paris, 1990. À l'occasion de l'exposition *1840, le dernier voyage de Napoléon*, Musée de l'Armée, 15 décembre 1990 – 17 mars 1991.

– Félix et Louis Lazare, *Dictionnaire historique des rues et monuments de Paris en 1855 avec les plans des 48 quartiers*, Maisonneuve et Larose, 2003.

– Albert Lenoir, *Le Tombeau de Napoléon Premier aux Invalides*, Paris, Martinon, Libraire-éditeur, 1855.

– Thierry Lentz et Jacques Macé, *La mort de Napoléon. Mythes, légendes et mystères*, Perrin, 2009.

– Général Malleterre (dir.), *Napoléon aux Invalides*, Paris, La Renaissance du Livre, 1921.

– Georges Poisson, *L'aventure du retour des Cendres*, Tallandier, 2004.

– Georges Poisson, *Le retour des cendres de l'Aiglon*, Nouveau Monde Éditions, 2006.

– Émilie Robbe, Jean-Marie Haussadis (dir.), *Napoléon aux Invalides, Les collections napoléoniennes du musée de l'Armée*, Musée de l'Armée, Éditions de la *Revue Napoléon*, mars 2010.

– Jules-Félix Vacquier, *Visite aux Invalides*, Delagrave, 9e édition, 1919.

– Pietro Ercole Visconti, *Tombeau de Napoléon Ier érigé dans le Dôme des Invalides*, L. Curmer éditeur, Paris, 1853.

– Céline Gautier, "Napoléon et l'Hôtel des Invalides, panthéon des gloires militaires", *Revue du Souvenir Napoléonien*, n°462, décembre 2005-janvier 2006, pp. 41-60.

– François Lagrange, "Le sabre et la pierre. Le Tombeau de Napoléon entre légende et récupération politique", *Napoléon, de l'histoire à la légende, Actes du colloque des 30 novembre et 1er décembre 1999, Hôtel des Invalides*, Maisonneuve & Larose, 2000.

– Hélène Marraud, "Simart et le tombeau de Napoléon aux Invalides", in *La Revue de la Société des Amis du Musée de l'Armée*, n°101, juin 1991, pp. 50-59 (numéro spécial de la *Revue* sur "le retour des Cendres").